Un voyage photographique dans les paysages du Débarquement

D-DAY

A photographic journey through the landscapes of landing

La seconde guerre mondiale reste le conflit le plus meurtrier de l'histoire de l'humanité. La violence des combats a fait plus de 25 millions de victimes militaires : 8 millions pour la Russie, 3,5 millions pour l'Allemagne et 2 millions pour le Japon. Avec les bombardements, génocides, crimes contre l'humanité, l'usage de l'arme atomique, l'épuration sauvage ou légale des collaborateurs, ce sont les populations qui ont été le plus durement touchées. Au total, on dénombre plus de 50 millions de morts civils, dont 16 millions en Chine.

100 000 morts. C'est le chiffre que l'histoire a retenu comme bilan des opérations militaires en Normandie au cours de l'été 1944 : 40 000 alliés – Américains, Britanniques, Canadiens, Polonais, Français – et 60 000 soldats de la *Wehrmacht*. À ce chiffre, il faut ajouter 20 000 civils normands, victimes des bombardements et des tirs d'artillerie. À la fin des combats, la Normandie est dévastée. Des villes comme Le Havre, Caen et Saint-Lô ont été anéanties par les bombardements. Ce fut le prix à payer pour accéder à Berlin et mettre fin à la seconde guerre mondiale en Europe.

Le Mur de l'Atlantique

Pour empêcher l'ouverture d'un second front en Europe de l'Ouest, alors que ses armées sont engagées en Russie, Hitler ordonne en décembre 1941 la construction d'un mur de défense sur les côtes bordant l'océan atlantique. Le IIIe Reich redoute que la récente entrée en guerre des États-Unis, suite aux bombardements de Pearl Harbor par les Japonais, ne précipite un débarquement de troupes depuis l'Angleterre. De la frontière hispano-française au nord de la Norvège, l'Organisation Todt reçoit l'ordre de construire sur plus de 6 000 kilomètres de côtes des milliers d'ouvrages en béton fortement armés pour transformer les ports en places fortes et empêcher des opérations amphibies sur les plages.

Pendant deux ans, près de 300 000 hommes – ingénieurs allemands, prisonniers de guerre et travailleurs forcés – vont construire sur les plages des centaines de bunkers, tobrouks, casemates et blockhaus. De larges bandes côtières sont transformées en no man's land, fendues de fossés, encombrées d'obstacles tandis que de puissantes batteries et des radars sont implantés dans l'arrière-pays… Accompagné d'une large campagne de propagande, le « Mur de l'Atlantique » doit convaincre les Alliés à préférer un débarquement sur d'autres côtes, moins bien défendues mais plus éloignées du Reich, permettant une réponse organisée de l'armée allemande.

The Second World War remains the bloodiest conflict in the history of humanity. The violent combat caused over 25 million military victims: 8 million Russians, 3.5 million Germans and 2 million Japanese. Via bombings, genocide, crimes against humanity, the use of atomic weapons, épuration sauvage/légale (unofficial/legal purge) of collaborators, civilian populations sustained the heaviest losses. A total of over 50 million deaths were recorded, 16 million of them in China.

100,000 deaths. Such is the figure recorded forever in history in estimation of the losses sustained during military operations in Normandy during the summer of 1944: 40,000 Allies - American, British, Canadian, Polish, French - along with 60,000 soldiers from the Wehrmacht. A figure to which 20,000 Norman civilians must be added, all victims to bombardments and artillery fire. By the end of the Battle, Normandy was devastated. Towns such as Le Havre, Caen and Saint-Lô were virtually destroyed by bombing. Such was the price paid to reach Berlin and to put a stop to the Second World War in Europe.

The Atlantic Wall

In December 1941, a time when his armies were engaged in combat in Russia, Hitler ordered for the construction of a defensive wall along the coasts that line the Atlantic Ocean to prevent a second front from being opened in Western Europe. The United States' entry in the war, following the Japanese bomb attack on Pearl Harbor, raised fears among the Third Reich of a hastened troop landing operation from England. Over a 3,700-mile coast stretching from the Hispano-French border to northern Norway, the Organisation Todt received orders to build thousands of highly reinforced concrete constructions to transform harbours into strongholds and to prevent amphibious operations on the beaches.

For two years, around 300,000 men - German engineers, POWs and forced labourers - set to building hundreds of bunkers, Tobruks, gun casemates and blockhouses on the beaches. Wide coastal bands were transformed into no man's lands, split open with ditches, cluttered with obstacles, whilst powerful artillery batteries and radar stations were installed inland... Endorsed by a massive propaganda campaign, the "Atlantic Wall" was to convince the Allies that landing would be safer on other coasts, located further from the Reich, hence enabling the Germans to best organise counter-attacks.

Après l'échec, riche en enseignement, du débarquement à Dieppe en 1942, les Alliés ouvrent un second front en Méditerranée et vont vaincre sur les sables du Maghreb l'Afrikakorps du maréchal Rommel. Après un débarquement en Sicile, puis en Italie, les Alliés ont un pied en Europe, mais la route à parcourir jusqu'à l'Allemagne est encore longue. Pour accélérer la chute du IIIe Reich, qui subit d'énormes pertes en Russie, les Alliés programment un débarquement en Europe de l'Ouest avec comme objectif Berlin. Il aura lieu sur les côtes de la Manche.

Le choix des plages

L'opération *Neptune*, première phase d'*Overlord*, a pour objectif de créer une tête de pont en Europe de l'Ouest à partir de laquelle il sera possible d'acheminer un approvisionnement gigantesque en hommes et matériel pour assurer une progression rapide vers Berlin. Les défenses côtières étant redoutables autour du port du Havre et dans la zone de Calais, le choix se porte sur les plages de Basse-Normandie, qui sont à portée de l'aviation alliée. Certaines sont idéales pour des opérations amphibies : elles sont vastes et sableuses, en pente douce, souvent bordées par de petits cordons dunaires, le Mur de l'Atlantique y est moins puissant que dans le Pas-de-Calais et la prise du port de Cherbourg pourra se faire par voie terrestre.

Après de nombreuses opérations de reconnaissance sur la Normandie, cinq zones de débarquement sont retenues, sur quatre-vingts kilomètres de côtes entre Saint-Martin-de-Varreville dans la Manche et l'embouchure de l'Orne, les différents secteurs sont codés : Utah, Omaha, Gold, Juno, Sword.

5 juin 1944 au soir, sous une puissante couverture aérienne, un convoi de 5 000 navires, avec à son bord des centaines de barges, se concentre au large de Portsmouth puis s'élance à l'assaut des plages normandes, distantes de 150 kilomètres. À cause de la marée montante qui se fait d'ouest en est dans la Manche, la force U (Utah), débarquera la première sur les plages de la Manche alors que la force S (Sword), sera la dernière à toucher les côtes. Vers 2 h 30 du matin, les premiers navires de l'armada jettent l'ancre à vingt-quatre kilomètres du rivage, hors de portée des batteries allemandes. Pour venir à bout des défenses du Mur de l'Atlantique, depuis la mer, les Alliés misent sur une supériorité humaine, aérienne et matérielle absolue... mais aussi sur des pertes lourdes.

After the failure of the premature, yet highly informative, landing operation in Dieppe in 1942, the Allies opened a second front in the Mediterranean and defeated Field Marshal Rommel's Afrikakorps in the Maghreb sands. Following landing operations in Sicily, then in Italy, the Allies had secured a foothold in Europe; however, the remaining road to Germany was a long one. To accelerate the fall of the Third Reich, which was concurrently sustaining huge losses in Russia, the Allies planned a landing operation in Western Europe, with Berlin as their target. It was to take place on the English Channel coast.

Choosing the beaches

The aim of operation Neptune, the first phase of operation Overlord, was to establish a bridgehead in Western Europe from which huge quantities of men and materials could be supplied to ensure rapid progression towards Berlin. Due to the sheer might of the coastal defences around the port of Le Havre and in the vicinity of Calais, the Allied choice swayed in favour of the Normandy beaches which were within reach for the Allied aviation. Some of them were ideal for amhibious operations: they were vast and sandy, gently sloping, often bordered by small lines of dunes, the Atlantic Wall was a lesser threat than in Pas-de-Calais and the port of Cherbourg could be captured from inland.

After several reconnaissance missions in Normandy, five landing zones were selected, stretching across fifty miles of coast from Saint-Martin-de-Varreville in Manche to the mouth of the River Orne. the landing sectors were codenamed: Utah, Omaha, Gold, Juno and Sword.

On the evening of the 5th of June 1944, under cover of heavy aerial bombing, a convoy of 5,000 ships, transporting hundreds of barges, grouped together in the high seas off Portsmouth then launched its assault on the Normandy beaches, 95 miles away. Due to the rising tide from west to east in the English Channel, Force U (Utah) was the first to land on the Manche beaches, whilst Force S (Sword) was the last to reach the coast. At around 2.30am, the first ships from the Allied armada anchored 15 miles from the shoreline, out of reach of the German artillery batteries. To break through the defences of the Atlantic Wall from the sea, the Allies were counting on absolute superiority of numbers, aviation and material... but they also expected heavy losses.

Le Mur de l'Atlantique
The Atlantic Wall

Vestiges d'une casemate – Batterie de Vasouy
Pennedepie, Calvados (+49° 24′ 39.73″, +0° 10′ 51.56″)

Les casemates en béton armé du Mur de l'Atlantique sont quasiment indestructibles. Malgré des bombardements massifs, elles résistent aux raids aériens. Abandonnée intacte par l'armée allemande devant l'avancée britannique, cette casemate a été détruite par un commando allemand le 26 août 1944 craignant de voir les Alliés utiliser ses canons pour bombarder le havre occupé.

The vestiges of a casemate – Vasouy artillery battery
Pennedepie, Calvados (+49° 24′ 39.73″, +0° 10′ 51.56″)

The reinforced concrete casemates that formed the Atlantic wall were virtually indestructible. Despite massive bombing, they withstood the Allied aerial raids. Facing the advance of the British troops, the German Army left this casemate intact, before sending a German commando to destroy it on the 26th of August 1944 to avoid the Allies using its guns to bomb the occupied cove nearby.

22 juin 1941 - Opération *Barbarossa*. Hitler rompt le pacte germano-soviétique et engage ses armées sur le front de l'Est. Quatre millions d'hommes partent à la conquête de la Russie.

7 décembre 1941 - Le Japon déclare la guerre aux États-Unis qui, depuis le 25 juillet, tentent de limiter l'expansion japonaise en Chine par des embargos sur les matières premières et le pétrole. 383 avions pilonnent la flotte américaine stationnée à Pearl Harbor.

8 décembre 1941 - Entrée en guerre des États-Unis, le conflit devient mondial. En Russie, les chars allemands sont à vingt-cinq kilomètres de Moscou.

Décembre 1941 - L'opération *Barbarossa*, qui prévoyait la destruction de l'Armée rouge avant l'hiver, est un échec. Les Soviétiques remportent la bataille de Moscou et contre-attaquent sur tout le front Est, bouleversant les plans d'Hitler.

14 décembre 1941 - Pour repousser un débarquement allié sur le front Ouest, Hitler ordonne la construction du Mur de l'Atlantique.

22nd June 1941 - Operation *Barbarossa*. Hitler breaks the Molotov-Ribbentrop pact and engages his armies on the Eastern Front. Four million men set off to conquer Russia.

7th December 1941 - Japan declares war against the United States which, since the 25th of July, has been endeavouring to limit Japan's expansion in China via raw material and fuel embargoes. 383 planes bombard the American fleet stationed in Pearl Harbor.

8th December 1941 - The United States enter the conflict, transforming it into world war. In Russia, the German tanks are within 15 miles of Moscow.

December 1941 - Operation *Barbarossa*, aimed at destroying the Red Army before winter, fails. The Soviets win the Battle of Moscow and counter-attack the entire Eastern Front, disrupting Hitler's plans.

14th December 1941 - Hitler orders for the construction of the Atlantic Wall, in order to drive back any Allied landing on the Western Front.

Batterie de la *Kriegsmarine*
Neville-sur-Mer, Manche (+49° 42′ 7.94″, -1° 19′ 58.40″)

Kriegsmarine *artillery battery*
Neville-sur-Mer, Manche (+49° 42′ 7.94″, -1° 19′ 58.40″)

Le blockhaus échoué
Sainte-Marguerite-sur-Mer, Seine-Maritime
(+49° 54' 35.21", +0° 56' 19.82")

Avril 1995 : menacé par l'érosion de la falaise sur laquelle il était construit, ce blockhaus risquait de s'effondrer sur la plage. Les pompiers ont déclenché sa chute en sapant sa base avec des milliers de litres d'eau. Malgré une chute de trente mètres et vingt ans passés sous l'assaut des vagues, la structure en béton armé est restée intacte.

The grounded blockhouse
Sainte-Marguerite-sur-Mer, Seine-Maritime
(+49° 54' 35.21", +0° 56' 19.82")

April 1995: threatened by the cliff's natural erosion, this blockhouse presented a risk of collapsing onto the beach. The fire brigade triggered its collapse by saturating its base with thousands of litres of water. Despite a 100-feet fall and twenty years spent subjected to the incessant onslaught of the waves, the reinforced concrete structure is intact to this very day.

Galets de la plage de Puys
Dieppe, Seine-Maritime (+49° 56′ 20.82″, +1° 6′ 43.90″)

Les plages de galets ou les cordons rocheux en haut de plage sont un atout naturel pour le Mur de l'Atlantique ; ils barrent la sortie des plages aux véhicules lourds, sur lesquels ils s'enlisent ou déchenillent.

Pebbles on Puys beach
Dieppe, Seine-Maritime (+49° 56′ 20.82″, +1° 6′ 43.90″)

The pebbled beaches and the rocky barrier above the beach were natural bonuses for the Atlantic Wall; they blocked the exit from the beaches, any heavy vehicles becoming stuck or losing their tracks.

Les défenses naturelles
Le Becquet, Liesville-sur-Douve, Manche (+49° 20' 48.39", -1° 18' 39.56")

Profitant largement des avantages du terrain, le Mur de l'Atlantique était aussi constitué de nombreux obstacles naturels. Fin 1943, le maréchal Rommel fit inonder les marais du Cotentin pour empêcher le largage de parachutistes et l'atterrissage de planeurs. À l'aube du 6 juin, de nombreux soldats s'y noyèrent, alourdis par le poids de leur parachute et de leur matériel.

Natural defences
Le Becquet, Liesville-sur-Douve, Manche (+49° 20' 48.39", -1° 18' 39.56")

Making the most of the advantages offered by the terrain, the Atlantic Wall was also formed of a number of natural obstacles. Late 1943, Field Marshal Rommel had the Cotentin marshes flooded to prevent paratroops from being dropped and gliders from landing. On the dawn of the 6th of June, many soldiers drowned there, overladen by the weight of their parachutes and their packs.

Le choix des plages

Choosing the beaches

Banc de rochers sur la plage
Lion-sur-Mer, Calvados (+49° 18′ 28.02″, -0° 19′ 28.85″)

Le platier rocheux de Lion-sur-Mer, sur lequel se développent des algues, irrégulier et fendu de nombreux trous et failles profondes, présente un danger lors du débarquement. Si les véhicules chenillés peuvent s'y frayer un chemin, les véhicules plus légers et les barges pourraient subir de graves dommages. Les hommes risquent également de s'y briser les jambes. Ainsi, cette zone est écartée du secteur Sword.

__Band of rocks on the beach__
Lion-sur-Mer, Calvados (+49° 18′ 28.02″, -0° 19′ 28.85″)

The rocky plateau in Lion-sur-Mer, upon which seaweed grows, is irregular and presents many holes and deep crevasses which were a risk for the landing operation. Although tracked vehicles could make their way across such terrain, lighter vehicles and barges were likely to suffer serious damage. Men were also at risk of breaking their legs. This zone was consequently removed from the Sword sector.

19 août 1942 - Opération *Jubilee*. Reconnaissance en force anglo-canadienne sur la côte normande à Dieppe.

8 novembre 1942 - Opération *Torch*. Débarquement allié en Afrique du Nord sous le commandement d'Eisenhower. Le Maroc et l'Algérie sont sous la domination du régime de Vichy. L'armée allemande envahit la Tunisie.

10 juillet 1943 - Opération *Husky*. Après la reddition de l'Africakorps de Rommel, les Alliés débarquent en Sicile, ouvrant un second front en Europe.

3 septembre 1943 - Le général Montgomery débarque à Reggio de Calabre.

9 septembre 1943 - Opérations *Avalanche* et *Slapstick*. Débarquements à Salerne et Tarente.

19th August 1942 - *Operation* Jubilee. *Anglo-Canadian reconnaissance mission in Dieppe on the Normandy coast.*

8th November 1942 - *Operation* Torch. *Allied landings in North Africa under Eisenhower's command. Morocco and Algeria are under domination by the Vichy regime. The German Army invades Tunisia.*

10th July 1943 - *Operation* Husky. *After the surrender of Rommel's Afrikakorps, the Allies land in Sicily, opening a second front in Europe.*

3rd September 1943 - *General Montgomery lands in Reggio di Calabria.*

9th September 1943 - *Operations* Avalanche *and* Slapstick. *Landings in Salerno and Taranto.*

De nombreux aéroports seront construits dans la plaine de Caen
Tierceville, Calvados (+49° 17′ 56.36″, -0° 32′ 3.62″)

Many airports will be built in the Caen plain
Tierceville, Calvados (+49° 17′ 56.36″, -0° 32′ 3.62″)

Juno Beach
Courseulles-sur-Mer, Calvados (+49°20′14.23″, -0°27′24.14″)

Les secteurs d'Omaha et Utah, à l'ouest, sont confiés aux Américains. Les plages à l'est – Gold, Juno, Sword – sont placées sous la responsabilité des Britanniques. Les Alliés ont tiré des conséquences de l'échec de Dieppe en 1942. Précédés par des bombardements massifs, les soldats débarqueront après des chars spéciaux, amphibies, qui ont pour mission de « nettoyer » les plages avant le débarquement des hommes.

Juno Beach
Courseulles-sur-Mer, Calvados (+49°20′14.23″, -0°27′24.14″)

The Omaha and Utah sectors to the west were entrusted to the Americans. The eastern beaches of Gold, Juno and Sword were placed under British responsibility. The Allies had learned many a lesson from their failed landing in Dieppe in 1942. Preceded by massive bombings, the troops were to land after special amphibious tanks, whose mission was to "clean" the beaches before landing any men.

Omaha Beach
Colleville-sur-Mer, Calvados (+49° 21' 45.82", -0° 50' 51.44")

La plage d'Omaha a un profil très différent des autres secteurs. Surmontée d'une haute falaise truffée de points d'appui allemands camouflés, elle devra être lourdement bombardée par l'aviation et la marine quelques minutes avant le débarquement de la première vague d'assaut.

Omaha Beach
Colleville-sur-Mer, Calvados (+49° 21' 45.82", -0° 50' 51.44")

The topography of Omaha Beach was quite different from the other landing sectors. Overlooked by a high cliff and riddled with camouflaged German strongpoints, heavy naval and aerial bombing was required over the minutes that immediately preceded the first wave of assault.

Le port à marée basse
Port-en-Bessin, Calvados (+49° 21′ 5.02″, -0° 45′ 16.57″)

Le Jour J, Port-en-Bessin est épargné par les bombardements aériens car son infrastructure doit rester intacte pour permettre l'approvisionnement des troupes en carburant. En attendant la prise du port de Cherbourg, qui sera relié à l'île de Wight par un *pipe line* transmanche, des rotations de navires vont alimenter, via Port-en-Bessin, des centres de stockage de carburant situés dans l'arrière-pays.

The harbour at low tide
Port-en-Bessin, Calvados (+49° 21′ 5.02″, -0° 45′ 16.57″)

On D-Day, Port-en-Bessin was spared from aerial bombings for its port infrastructure was to be preserved to enable troops to receive fuel supplies. Pending the recapture of the port of Cherbourg, which was to be linked with the Isle of Wight via a cross-Channel pipeline, ships shuttled via Port-en-Bessin to supply the fuel depot located inland.

SWORD

« La Brèche »
Hermanville-sur-Mer, Calvados (49°17′56.1″N 0°17′54.7″W)

Le débarquement sur Sword Beach se fait en face de Colleville et Hermanville. À 7 h 55 du matin, le commando Kieffer, composé de 177 fusiliers marins français, pose le pied sur la plage de Colleville-Montgomery. Ils ont pour objectif de prendre par voie de terre le casino d'Ouistreham, transformé en place forte.

"La Brèche"
Hermanville-sur-Mer, Calvados (49°17′56.1″N 0°17′54.7″W)

The Sword Beach landing zone was located opposite Colleville and Hermanville. At 7.55am, the Kieffer Commando, comprised of 177 French Fusiliers Marins, set foot on the beach at Colleville-Montgomery. Their mission was to capture Ouistreham casino, transformed into a German stronghold, by land.

00 h 16 - Des planeurs se posent à côté des ponts de Bénouville et Ranville.

00 h 20 - Des éclaireurs sont parachutés à l'est de l'Orne pour baliser les terrains d'atterrissage des planeurs et les zones de largage.

00 h 50 - Début des parachutages britanniques.

04 h 30 - Attaque de la batterie de Merville.

05 h 30 - Premiers bombardements sur Sword.

06 h 15 - Les premières barges se dirigent vers Sword.

07 h 20 - Débarquement des chars spéciaux qui déminent la plage et ouvrent des brèches, suivis des chars de combats équipés de mortiers.

07 h 30 - Débarquement des troupes britanniques.

07 h 55 - Le commando Kieffer débarque sur la plage de Colleville-Montgomery.

09 h 30 - Prise du casino d'Ouistreham, libération d'Hermanville.

10 h 00 - Les Anglais atteignent le port, les Allemands se replient sur la pointe du siège, le grand bunker de Ouistreham résiste encore.

11 h 30 - Les commandos, après s'être ravitaillés sur leur point de débarquement, s'enfoncent dans l'arrière-pays.

12 h 32 - Au son de la cornemuse, la jonction est faite avec les parachutistes au pont de Bénouville.

00:16: Gliders land near the bridges in Bénouville and Ranville

00:20: Pathfinders are parachuted to the east of the Orne to mark out landing zones for gliders and paratroop drop zones.

00:50 - The British paratroops begin to jump.

04:30 - Attack on the Merville artillery battery.

05:30 - First bombardments on Sword Beach.

06:15 - The first barges head for Sword Beach.

07:20 - Special tanks are landed to demine the beach and open exit breaches; they are closely followed by combat tanks equipped with mortars.

07:30 - The British troops land.

07:55 - The Kieffer Commando lands on the beach in Colleville-Montgomery.

09:30 - Ouistreham casino is recaptured, Hermanville is liberated.

10:00 - British troops reach the harbour, whilst the Germans retreat towards La Pointe du Siège; Ouistreham's "grand bunker" continues to resist.

11:30 - After resupplying within their landing zone, the commandos thrust forward inland.

12:32 - To the sound of bagpipes, troops join forces with the paratroops at Bénouville bridge.

La coupole blindée du site Hillman
Colleville-Montgomery, Calvados (49°15′57.2″N 0°18′34.4″W)

The Hillman strongpoint steel cupola
Colleville-Montgomery, Calvados (49°15′57.2″N 0°18′34.4″W)

Plaine de Ranville
Bréville-les-Monts, Calvados (+49° 14' 06.54", -0° 13' 30.13")

La plaine de Ranville est choisie pour réaliser la vaste opération aéroportée britannique pendant la nuit du 5 au 6 juin. Des éclaireurs expérimentés sont envoyés à partir de minuit pour baliser le terrain et garantir le largage précis de milliers de parachutistes dans la nuit. Dès l'aube, des planeurs apportent le matériel lourd de soutien (jeeps, chars, canons) qui permet de repousser les contre-attaques allemandes.

The Ranville plain
Bréville-les-Monts, Calvados (+49° 14' 06.54", -0° 13' 30.13")

The Ranville plain was chosen for the vast airborne operation led by the British Army on the night of the 5th to the 6th of June. Experienced pathfinders were sent as from midnight to mark out the terrain and to guarantee an accurate drop for thousands of paratroopers throughout the night. At dawn, gliders brought in the heavy support equipment (jeeps, tanks, guns) that was to enable German counter-attacks to be thwarted.

Plaine de la Dives
Roncheville, Calvados (49°13'10.1"N 0°10'44.6"W)

Dans la nuit du 5 au 6 juin, de nombreux parachutistes sont largués dans les marais de la Dives. Ils ont pour mission d'isoler le flanc est de l'opération *Overlord*. En dynamitant tous les ponts situés sur la Dives qui serpente jusqu'à Cabourg, ils veulent retarder l'arrivée de renforts allemands en Normandie.

The Dives plain
Roncheville, Calvados (49°13'10.1"N 0°10'44.6"W)

On the night of the 5th to the 6th of June, a vast number of paratroopers were dropped in the Dives marshes. Their mission was to isolate the east flank of operation Overlord. By dynamiting all the bridges over the River Dives that meanders as far as Cabourg, they hoped to delay the arrival of German reinforcements in Normandy.

Bois de Bavent
Bavent, Calvados (+49° 13′ 9.09″, -0° 11′ 25.52″)

Dans les bois de Bavent, situés entre la plaine de la Dives et la ville de Caen, s'établit une ligne de front digne de la première guerre mondiale. Entre le 6 et le 9 juin 1944, la colline changera de mains plusieurs fois. Les Alliés s'y positionnent pour protéger le flanc est des plages du Débarquement.

The Bavent woods
Bavent, Calvados (+49° 13′ 9.09″, -0° 11′ 25.52″)

A front worthy of the Great War was established in the Bavent woods, located between the Dives plain and Caen. From the 6th to the 9th of June 1944, the hill changed hands several times. The Allies took up position there to protect the east flank of the D-Day Landing beaches.

Juno

Orage sur la Manche
Luc-sur-Mer, Calvados (49°19'12.3"N 0°21'15.1"W)

Le secteur de Juno Beach, situé entre Saint-Aubin-sur-Mer et Ver-sur-Mer est confié aux Canadiens. En approchant des côtes, ils ont en tête l'échec de Dieppe deux ans plus tôt. À cause de la tempête qui souffle sur la Normandie, et doutant de la résistance aux vagues des chars amphibies qui doivent nettoyer la plage, les plans sont changés à la hâte et une réorganisation des troupes fait perdre un temps précieux.

Storm in the English Channel
Luc-sur-Mer, Calvados (49°19'12.3"N 0°21'15.1"W)

The Juno Beach sector, located between Saint-Aubin-sur-Mer and Ver-sur-Mer was entrusted to the Canadian troops. As they approached the coast, their thoughts turned to their defeat in Dieppe two years previously. Due to the storm that was raging in Normandy, and unsure of how the amphibious tanks that were to clean the beach would withstand the strong waves, plans were hastily changed and troop reorganisation cost precious time.

5 h 30 - L'*Eastern Naval Task Force*, qui regroupe les forces navales G, J et S, ouvre le feu sur la côte.

5 h 37 - La batterie allemande de Longues-sur-Mer ouvre le feu.

6 h 15 - Les péniches canadiennes sont mises à l'eau à sept kilomètres des côtes.

7 h 25 - Les chars spéciaux nettoient les plages.

8 h 00 - Débarquement des troupes.

9 h 30 - Libération de Bernières-sur-Mer.

5:30 - The Eastern Naval Task Force, *reuniting naval forces G, J and S, opens fire on the coast.*

5:37 - The German artillery battery in Longues-sur-Mer in turn opens fire.

6:15 - The Canadian landing barges are put to sea 4 miles off the coast.

7:25 - Special tanks begin to clear the beaches.

8:00 - Landing of troops.

9:30 - Bernières-sur-Mer is liberated.

Le cimetière canadien
Reviers, Calvados (+49° 18' 08.58", -0° 27' 01.96")

Canadian war cemetery
Reviers, Calvados (+49° 18' 08.58", -0° 27' 01.96")

Juno Beach
Courseulles-sur-Mer, Calvados (+49° 20' 15.74", -0° 28' 8.84")

C'est à cet endroit que le général de Gaulle pose le pied sur le sol français après quatre années d'exode. Venu d'Angleterre à bord d'un navire battant pavillon de la France Libre, il prononce quelques heures après un discours de Bayeux. Il s'agit pour lui d'imposer aux Alliés la présence du gouvernement provisoire de la République française.

Juno Beach
Courseulles-sur-Mer, Calvados (+49° 20' 15.74", -0° 28' 8.84")

It was on this precise spot that General de Gaulle set foot on French soil for the first time in four years. He had travelled from England aboard a ship sailing under the flag of Free France. A few hours later, he made his historic speech in Bayeux. His aim was to impose upon the Allies the presence of a temporary government of the French Republic.

La falaise des Confessionnaux
Lion-sur-Mer, Calvados (49°18'44.0"N 0°20'08.2"W)

Le secteur britannique situé entre Luc-sur-Mer et Lion-sur-Mer, considéré trop rocheux, est écarté des zones de débarquement. Profitant de cette brèche stratégique entre Juno et Sword, une colonne de chars allemands s'avancera jusqu'à Luc-sur-Mer vers 20 heures le 6 juin. Cependant isolés et peu nombreux, ils finissent par se replier.

La Falaise des Confessionnaux (Confessional Cliff)
Lion-sur-Mer, Calvados (49°18'44.0"N 0°20'08.2"W)

The British sector located between Luc-sur-Mer and Lion-sur-Mer was considered too rocky and was consequently excluded from the landing zones. Taking advantage of this strategic breach between Juno and Sword, a column of German tanks succeeded in advancing as far as Luc-sur-Mer at around 8pm on the 6th of June. Yet few in number and totally isolated, they eventually retreated.

Juno Beach, secteur « Mike Red »
Graye-sur-Mer, Calvados (49°20'14.5"N 0°27'56.6"W)

Lors du débarquement sur Juno, le mauvais temps provoque des retards dans la mise à l'eau des barges et dans l'ouverture de chenaux d'accès aux plages. Ce répit est mis à profit par les Allemands qui se réorganisent après les bombardements massifs. Dans le secteur « Mike Red », près de l'embouchure de la Seulles, la résistance est forte et la prise du bunker « Cosy » va causer 78 % de pertes.

Juno Beach, "Mike Red" sector
Graye-sur-Mer, Calvados (49°20'14.5"N 0°27'56.6"W)

During the landings on Juno, poor weather caused delays in the launching of barges and the opening of access channels towards the beach. This set back was exploited by the Germans who were afforded time to reorganise after the massive bombings. In the "Mike Red" sector, near the mouth of the River Seulles, they put up steadfast resistance and the capture of the "cosy" bunker resulted in 78% of losses.

Gold

Ver-sur-Mer
Calvados (49°20'26.9"N 0°32'01.0"W)

Le secteur de Gold Beach est situé entre les plages de Ver-sur-Mer et Asnelles. Le débarquement britannique se fait avec peu de pertes. Les 25 000 hommes doivent prendre la ville de Bayeux au soir du 6 juin et faire la jonction avec les troupes canadiennes débarquées à Juno Beach et les troupes américaines d'Omaha à Port-en-Bessin. Ils doivent aussi libérer Arromanches qui a été épargné par les bombes pour y assembler un port artificiel.

Ver-sur-Mer
Calvados (49°20'26.9"N 0°32'01.0"W)

Gold Beach is located between the beaches of Ver-sur-Mer and Asnelles. The British landings suffered relatively few losses. The 25,000 men were to capture the town of Bayeux on the evening of the 6th of June and join forces in Port-en-Bessin with the Canadian troops landed on Juno Beach and the Americans landed on Omaha Beach. They were also to liberate Arromanches, spared from bombing to enable the construction of an artificial harbour.

CHRONOLOGIE / CHRONOLOGY

7 h 35 - Les troupes débarquent sur Gold Beach.

9 h 30 - Attaque aérienne allemande au-dessus de Gold.

11 h 00 - Sept sorties de plage sont dégagées.

18 h 00 - Dernier bombardement sur la batterie de Longues.

22 h 00 - Libération d'Arromanches par voie terrestre.

7 juin - Des caissons Phœnix et de vieux navires sont coulés pour créer une digue.

14 juin - L'assemblage du port artificiel se poursuit, premiers déchargements.

19 juin - Endommagé partiellement par une tempête, il est remis en service avec des pièces du port artificiel américain de Vierville. Il sera complètement opérationnel début juillet.

7:35 - Troops land on Gold Beach.

9:30 - German air attack over the Gold sector.

11:00 - Seven exits from the beach are now in place.

18:00 - Last bombings on the Longues artillery battery.

22:00 - Liberation of Arromanches from inland.

7th June - Phoenix caissons and old ships are scuttled to create a breakwater.

14th June - Assembly of the artificial harbour continues, the first supplies are unloaded.

19th June - Partially damaged by a storm, it is repaired using recovered sections of the American artificial harbour in Vierville. The harbour is totally operational early July.

Le caisson échoué
Arromanches-les-Bains, Calvados (+49° 20' 26.55", -0° 37' 13.11")

The grounded caisson
Arromanches-les-Bains, Calvados (+49° 20' 26.55", -0° 37' 13.11")

Port-Winston
Arromanches-les-Bains, Calvados (+49° 20′ 23.00″, -0° 36′ 38.10″)

Le port artificiel d'Arromanches s'étend sur près de cinq kilomètres. 71 caissons Phœnix et de vieux navires sabordés protègent des tempêtes les huit voies de déchargement. En cent jours, et malgré une violente tempête qui détruit partiellement les installations, 500 000 véhicules seront déchargés.

Port Winston
Arromanches-les-Bains, Calvados (+49° 20′ 23.00″, -0° 36′ 38.10″)

The artificial harbour in Arromanches stretched over around 3 miles. A total of 71 Phoenix caissons and old ships were sunk to protect the eight landing docks from storms. In a hundred days and despite a violent storm that partially damaged installations, 500,000 vehicles were unloaded.

La batterie allemande
Longues-sur-Mer, Calvados (+49° 20′ 43.47″, -0° 41′ 43.59″)

Malgré les bombardements aériens, la batterie de Longues-sur-Mer est encore opérationnelle au matin du 6 juin. Mais les tirs sont imprécis, les liaisons entre le poste de direction de tir et les canons ayant été détruites. Prise sous le feu des croiseurs alliés, elle entre en action vers 6 heures du matin. À 8 h 45, le croiseur *Ajax* détruit une casemate grâce à un tir direct dans l'embrasure. La batterie sera prise par les Britanniques le 7 juin.

The German artillery battery
Longues-sur-Mer, Calvados (+49° 20′ 43.47″, -0° 41′ 43.59″)

Despite aerial bombings, the Longues-sur-Mer artillery battery was still operational on the morning of the 6th of June. Yet gunfire from the battery was inaccurate for the liaison between the firing command post and the guns had been destroyed. Under attack from Allied cruisers, the battery entered into action at around 6am. At 8.45am, the cruiser *Ajax* destroyed one of its casemates thanks to a bulls-eye shot through the embrasure. The battery was captured by British troops on the 7th of June.

Le port à marée basse
Arromanches-les-Bains, Calvados (49°20'38.4"N 0°37'46.5"W)

Le port artificiel d'Arromanches fut endommagé par une tempête exceptionnelle entre le 19 et le 21 juin. Pour assurer sa remise en état, le port du secteur américain d'Omaha, plus durement touché, fut démantelé pour que ses pièces soient transférées à Arromanches.

The harbour at low tide
Arromanches-les-Bains, Calvados (49°20'38.4"N 0°37'46.5"W)

The artificial harbour in Arromanches suffered damage during the exceptionally violent storm that struck from the 19th to the 21st of June. To repair it, the harbour in the American sector on Omaha Beach - which had suffered more extensive damage - was dismantled and sections were transferred to Arromanches.

Omaha

Omaha Beach, secteur « Easy Red »
Saint-Laurent-sur-Mer, Calvados (+49° 21' 55.13", -0° 51' 6.88")

Lorsque la première vague d'assaut pose le pied sur le rivage, pas une seule bombe n'a touché la plage. À part les pieux de bois et d'acier destinés à bloquer les barges et deux chars amphibies, il n'y a aucune protection entre les soldats et les mitrailleuses allemandes. Les Allemands, qui comptent dans leurs lignes des vétérans du front russe, postés en hauteur sur le talus, attendent le dernier moment pour ouvrir le feu. Le carnage commence : 90 % de la première vague est décimée.

Omaha Beach, "Easy Red" sector
Saint-Laurent-sur-Mer, Calvados (+49° 21' 55.13", -0° 51' 6.88")

When the first wave of assault set foot on the shore, not one single bomb had yet struck the beach. Apart from the wooden and steel stakes designed to prevent barges and amphibious tanks from landing, there was absolutely no protection between the troops and the German machine guns. The Germans, whose lines comprised a number of veterans from the Eastern Front, were positioned high up on the embankment and waited until the last minute to open fire. The carnage began: 90% of the first wave was annihilated.

2 h 50 - La force O jette l'ancre au large d'Omaha.

5 h 20 - Les premières barges quittent leur navire pour une heure de traversée vers les plages.

5 h 35 - Mise à l'eau des chars amphibies.

5 h 55 - Bombardement aérien.

5 h 58 - Lever du jour, pilonnage de la côte depuis les navires.

6 h 20 - Fin des bombardements.

6 h 25 - La première vague d'assaut débarque sur Omaha.

6 h 45 - Débarquement de la seconde vague d'assaut.

7 h 11 - Les Rangers attaquent la pointe du Hoc avec quarante minutes de retard.

8 h 30 - Sur Omaha, les Rangers percent les lignes allemandes à Vierville. Par manque de chenaux dégagés pour les barges et un encombrement de la plage, arrêt provisoire des débarquements.

9 h 20 - Nouveau pilonnage naval pour débloquer la situation.

10 h 00 - Deux destroyers s'approchent à moins d'un kilomètre du rivage et effectuent des tirs de précision. La vallée du Ruquet est ouverte.

10 h 30 - Marée haute.

11 h 27 - Prise des hauteurs au-dessus de la plage de Saint-Laurent-sur-Mer.

2:50 - Force O anchors off Omaha Beach.

5:20 - The first barges leave their ships for a one-hour journey to the beaches.

5:35 - Amphibious tanks take to the waters.

5:55 - Aerial bombings.

5:58 - Dawn, the coast is bombarded by ships offshore.

6:20 - Bombing stops.

6:25 - The first wave of assault lands on Omaha Beach.

6:45 - The second wave of assault lands.

7:11 - The Rangers attack Pointe du Hoc, forty minutes behind schedule.

8:30 - On Omaha Beach, the Rangers break through the German lines at Vierville. Due to insufficient channels cleared by barges and to jamming on the beach, landings are temporarily suspended.

9:20 - Naval bombing resumes to alleviate the situation.

10:00 - Two destroyers come within less than a mile of the shoreline to enable precision firing. The Ruquet valley is opened.

10:30 - High tide.

11:27 - The heights overlooking the beach in Saint-Laurent-sur-Mer are under Allied control.

La pointe du Hoc
Cricqueville-en-Bessin, Calvados (+49° 23' 54.32", -0° 59' 22.76")

Pointe du Hoc
Cricqueville-en-Bessin, Calvados (+49° 23' 54.32", -0° 59' 22.76")

La pointe du Hoc
Cricqueville-en-Bessin, Calvados (+49° 23' 47.29", -0° 59' 16.24")

La pointe du Hoc reste un témoignage exceptionnel de la violence des bombardements du 6 juin et des semaines précédentes. Sur quelques hectares, des tonnes de bombes ont bouleversé le paysage, créant des cratères profonds et disloquant les casemates. Alors que sur l'ensemble des sites bombardés, les trous ont été arasés et les fortifications comblées par des gravats, le site de la pointe du Hoc a été préservé.

Pointe du Hoc
Cricqueville-en-Bessin, Calvados (+49° 23' 47.29", -0° 59' 16.24")

Pointe du Hoc bears exceptional witness to the extreme violence of the bombings on the 6th of June and the weeks that preceded the landings. Over just a few hectares of land, tonnes of bombs mutilated the landscape, creating deep craters and dislocating casemates. Whereas all other bombing sites have since seen their hollows levelled out and their fortifications filled with rubble, Pointe du Hoc is the only site to have been left in exactly the same state.

La pointe du Hoc
Cricqueville-en-Bessin, Calvados (49°23'45.6"N 0°59'03.6"W)

Les Rangers du colonel Rudder se lancent à l'assaut de la pointe du Hoc. Mais suite à une erreur de repérage, ils débarquent à l'est de leur objectif et perdent quarante minutes pour atteindre la pointe. Ils profiteront en partie d'un effondrement de la falaise due aux bombardements pour gravir avec des échelles et des grappins la haute falaise et prendre d'assaut la batterie.

Pointe du Hoc
Cricqueville-en-Bessin, Calvados (49°23'45.6"N 0°59'03.6"W)

Colonel Rudder's Rangers set off on their attack of Pointe du Hoc. Yet, following an error in location, they landed east of their target and lost forty minutes before reaching the headland. They took advantage of a section of cliff that had collapsed due to bombing to climb up the high cliff using ladders and grappling hooks and to attack the battery.

Le plateau
Colleville-sur-Mer, Calvados (+49° 21' 8.95", -0° 50' 57.96")

Alors que les vagues d'assaut se succèdent sur Omaha, les premières percées permettent aux Alliés de s'enfoncer sur le plateau. Malgré des réseaux de barbelés et des champs de mines, les points d'appui fortifiés allemands vont être pris à revers et tomber un à un.

The plateau
Colleville-sur-Mer, Calvados (+49° 21' 8.95", -0° 50' 57.96")

As successive waves of assault struck Omaha Beach, the first breakthroughs enabled the Allies to reach the inland plateau. Despite networks of barbed wire and minefields, the fortified German strongpoints were taken from the rear, falling one by one.

Utah

Les dunes d'Utah
Sainte-Marie-du-Mont, Manche (+49°24'48.73", -1°10'20.71")

La plage d'Utah, située à l'ouest de l'embouchure, présente une topographie idéale, bordée de petites dunes de sable, la mer y est à l'abri des tempêtes grâce au cap du Cotentin. Le Mur de l'Atlantique y est peu renforcé et sa proximité avec Cherbourg en fait un lieu idéal pour une grande opération amphibie. Mais juste derrière le cordon dunaire, l'arrière-pays a été inondé par les Allemands et seulement quatre routes insubmersibles permettent la sortie des plages.

The Utah dunes
Sainte-Marie-du-Mont, Manche (+49°24'48.73", -1°10'20.71")

Utah Beach, located to the west of the river mouth, offers the ideal topography, bordered with small sand dunes, and the sea is protected from storms thanks to the Cotentin peninsula. The Atlantic Wall benefited from little reinforcement in this zone and the proximity with Cherbourg rendered it the ideal site for a large-scale amphibious operation. However, immediately behind the line of dunes, the inland zone had been flooded by the Germans and only four insubmersible roads offered exit routes from the beach.

00 h 10 - Premier largage de *Pathfinders* dans le Cotentin.

1 h 00 – 3 h 00 - 13 000 parachutistes américains sont largués autour de Sainte-Mère-Église.

2 h 29 - La force U se positionne à vingt-quatre kilomètres des côtes.

3 h 00 - Les premiers soldats embarquent dans les chalands.

5 h 00 - Début des pilonnages aériens et navals sur la côte.

6 h 25 - Arrêt des bombardements navals.

6 h 30 - Première vague d'infanterie.

6 h 45 - Les chars amphibies, largués à proximité du rivage atteignent la plage.

12 h 00 - Jonction avec les parachutistes à Pouppeville.

00:10 - The first pathfinders are dropped in Cotentin.

1:00 to 3:00 - 13,000 American paratroopers are dropped in the vicinity of Sainte-Mère-Église.

2:29 - Force U takes up position fifteen miles off the coast.

3:00 - The first soldiers land in barges.

5:00 - Start of aerial and naval bombardments on the coast.

6:25 - End of naval bombing.

6:30 - First infantry wave.

6:45 - The amphibious tanks, put to water near the shoreline, reach the beach.

12:00 - Junction with paratroops in Pouppeville.

Verger Timmes
Amfreville, Calvados (+49° 24' 46.54", -1° 22' 39.14")

Timmes orchard
Amfreville, Calavdos (+49° 24' 46.54", -1° 22' 39.14")

Saint-Martin-de-Varreville
Manche (+49° 26' 42.21", -1° 12' 35.51")

Les plans américains prévoient que les troupes doivent débarquer sur Utah Beach au lieu-dit les dunes de Varreville. Le site est protégé par le puissant WN 10, un ensemble de défenses particulièrement complet à cet endroit : encuvements pour canons dont l'orientation permet de balayer la plage du nord au sud, tourelles de chars sur tobrouk, canons sous casemate. La protection rapprochée est assurée par des mortiers, des lance-flammes automatiques et des mitrailleuses dans des tobrouks.

Saint-Martin-de-Varreville
Manche (+49° 26' 42.21", -1° 12' 35.51")

The American plans were to land troops on Utah Beach in the locality of Les Dunes in Varreville. The site was protected by the powerful WN10, an extremely well-equipped defensive structure on this particular site: emplacements for guns whose positions enabled them to scan the beach from north to south, tank turrets placed on Tobruks, guns and casemates. Close-range protection was by means of mortars, automatic flamethrowers and machine guns placed in Tobruks.

Utah Beach, lieu-dit « La Madeleine »
Sainte-Marie-du-Mont, Manche (+49° 24' 58.47", -1° 10' 24.63")

Au matin du Jour J, les courants de la marée montante dévient les barges vers l'estuaire de la Vire. Les barges arrivent au lieu-dit La Madeleine, à plus de deux kilomètres à l'est de l'endroit prévu. Par chance, ce secteur est moins bien protégé et les bombardements aériens y ont été particulièrement précis. La plage est rapidement nettoyée par les vingt-huit chars amphibies.

Utah Beach, locality of "La Madeleine"
Sainte-Marie-du-Mont, Manche (+49° 24' 58.47", -1° 10' 24.63")

On the morning of D-Day, the high tidal currents sent barges drifting towards the Vire estuary. They consequently landed at the locality of La Madeleine, around 2 miles to the east of their planned landing zone. Thankfully, the sector benefited from lesser protection and had suffered particularly accurate aerial bombing. The beach was rapidly cleared by the twenty-eight amphibious tanks.

Les marais de la Douve
Liesville-sur-Douve, Cotentin (+49° 20′ 44.89″, -1° 19′ 5.32″)

À la base du Cotentin, une grande zone de marais entoure la ville de Carentan. Pour empêcher des opérations aéroportées, le maréchal Rommel obstrue le cours de ces rivières et provoque une inondation artificielle de la zone. Les parachutages particulièrement chaotiques dans ce secteur vont empêcher une contre-attaque précise des forces allemandes.

The Douve marshes
Liesville-sur-Douve, Cotentin (+49° 20′ 44.89″, -1° 19′ 5.32″)

At the base of the Cotentin peninsula, a vast marshy zone surrounds the town of Carentan. In order to prevent airborne operations, Field Marshal Rommel blocked the flow of these rivers, hence provoking the artificial flooding of the zone. The particularly chaotic paratroop drops in the sector prevented any precise counter-attack by the German forces.

Cherbourg

La rade de Cherbourg
Cherbourg, Manche (+49° 40' 11.20", -1° 40' 43.37")

La rade artificielle de Cherbourg est la plus grande du monde. Ce port en eaux profondes, proche de l'Angleterre, est l'objectif numéro un des Alliés, qui veulent en faire le point de débarquement du matériel venu directement des États-Unis. Mais transformé en véritable forteresse par les Allemands, et défendu par un puissant réseau de batteries de marine qui empêchent toute approche par la mer, les Alliés décident de le prendre par la terre.

Cherbourg harbour
Cherbourg, Manche (+49° 40' 11.20", -1° 40' 43.37")

Cherbourg's artificial harbour is the largest in the world. This deep-water port, strategically close to England, was the Allies' key target. They planned to use it as the landing zone for equipment shipped direct from the United States. Yet the harbour had been transformed by the Germans into a genuine fortress, defended by a powerful network of naval batteries that prevented any approach from the sea. The Allies decided to take the site from inland.

6-9 juin - Bataille de La Fière, les Américains prennent le contrôle des routes du marais du Cotentin.

12 juin - Libération de Carentan.

18 juin - Les Américains arrivent sur la côte ouest du Cotentin ; la péninsule est coupée en deux ; les Allemands affaiblis se retranchent dans Cherbourg.

22 juin - Assaut sur Cherbourg.

26 Juin - Prise du fort du Roule qui surplombe la ville, malgré quelques poches de résistance, la ville est libérée.

6th-9th June - *Battle of the La Fière bridge - the Americans take control of the roads across the Cotentin marshes.*

12th June - *Liberation of Carentan.*

18th June - *The Americans reach the west coast of Cotentin; the peninsula is cut in two; the weakened German forces entrench themselves in Cherbourg.*

22nd June - *Assault on Cherbourg.*

26th June - *Capture of the Fort du Roule overlooking the town. Despite a few pockets of resistance, the town is liberated.*

6-9 juin - Bataille de La Fière, les Américains prennent le contrôle des routes du marais du Cotentin.

12 juin - Libération de Carentan.

18 juin - Les Américains arrivent sur la côte ouest du Cotentin ; la péninsule est coupée en deux ; les Allemands affaiblis se retranchent dans Cherbourg.

22 juin - Assaut sur Cherbourg.

26 Juin - Prise du fort du Roule qui surplombe la ville, malgré quelques poches de résistance, la ville est libérée.

6th-9th June - *Battle of the La Fière bridge - the Americans take control of the roads across the Cotentin marshes.*

12th June - *Liberation of Carentan.*

18th June - *The Americans reach the west coast of Cotentin; the peninsula is cut in two; the weakened German forces entrench themselves in Cherbourg.*

22nd June - *Assault on Cherbourg.*

26th June - *Capture of the Fort du Roule overlooking the town. Despite a few pockets of resistance, the town is liberated.*

Neville-sur-Mer
Manche (+49° 42′ 7.87«, -1° 20′ 0.04″)

Neville-sur-Mer
Manche (+49° 42′ 7.87″, -1° 20′ 0.04″)

La guerre des haies
Brix, Manche (+49° 33' 50.20", -1° 33' 31.54")

Le Bocage du Cotentin est constitué d'une multitude de petits champs bordés de hautes haies. Propices aux embuscades, les Allemands vont tirer avantage de ce terrain où l'action des blindés est limitée. Pendant la bataille des haies, la première armée américaine va devoir conquérir les champs un à un au prix de lourdes pertes.

The war of the hedgerows
Brix, Manche (+49° 33' 50.20", -1° 33' 31.54")

The Cotentin bocage forms a multitude of small fields enclosed by high hedges. Propitious for laying ambush, the Germans took great advantage of this terrain where armoured action was limited. During the battle of the hedgerows, the US First Army was to conquer each and every field, one by one, sustaining heavy losses in the process.

Les haies du Cotentin
Sottevast, Manche (+49° 31' 26.31", -1° 38' 14.74")

Pour venir à bout des armées allemandes qui s'embusquent dans les haies du Cotentin, infligeant de sévères pertes chez les Américains, les généraux vont précéder l'opération *Cobra* d'un « carpet bombing » : un dense tapis de bombes est largué par des centaines de bombardiers ouvrant de larges brèches dans les lignes ennemies.

The Cotentin hedgerows
Sottevast, Manche (+49° 31' 26.31", -1° 38' 14.74")

In order to overwhelm the German armies, lying in ambush in the Cotentin hedgerows, inflicting severe losses among the American ranks, the Allied generals preceded operation Cobra by "carpet bombing": a dense blanket of bombs was dropped by hundreds of fighter planes, opening large breaches in the enemy lines.

Cherbourg
Manche (49°37'49.6"N 1°36'52.5"W)

Devant l'avance alliée, 40 000 Allemands se regroupent à Cherbourg. Le 22 juin, l'assaut est lancé sur la ville, par voie terrestre, mais aussi par voie maritime, de puissants navires de guerre pilonnent depuis la mer les installations fortifiées. Les Américains progressent dans la ville mais un dernier poste de commandement résiste sur la montagne du Roule, qui culmine à 117 mètres au-dessus de la ville. Les Allemands se sont retranchés dans les galeries de puissantes batteries.

Cherbourg
Manche (49°37'49.6"N 1°36'52.5"W)

Faced with the Allied advance, 40,000 Germans grouped together in Cherbourg. On the 22nd of June, the assault was launched on the town - both from inland and by sea. Powerful warships bombed the fortified installations from off the coast. The Americans progressed inside the town; however, a remaining command post withstood on Roule Mountain, which looms 380 feet above the town. The Germans had entrenched themselves within the galleries of their powerful batteries.

Caen

Bois de Lebisey
Hérouville-Saint-Clair, Calvados (+49° 12' 47.88", -0° 20' 21.25")

Au soir du 6 juin, les troupes débarquées sur Sword sont bloquées vers 22 heures aux abords du bois de Lebisey où sont retranchés les chars de la 21e *Panzerdivision*. Alors que Caen devait être libérée dès le 6 juin, son calvaire va durer plus d'un mois.

Lebisey woods
Hérouville-Saint-Clair, Calvados (+49° 12' 47.88", -0° 20' 21.25")

On the evening of the 6th of June, the troops who had landed on Sword beach were bogged down at around 10pm in the vicinity of the Lebisey woods, where the 21st Panzerdivision's tanks were entrenched. The ordeal to liberate Caen, initially scheduled to be in Allied hands as early as the 6th of June, was to last over a month.

2 h 00 - Les canonnades du débarquement sont entendues dans les rues de Caen.

13 h 00 - Bombardement de la ville, suivi d'un deuxième à 16 h 30.

7-15 juin - Opération *Perch*, qui prévoit un encerclement de Caen. Les Britanniques sont bloqués par la puissance de feu des blindés allemands.

25 juin -1er juillet - Opération *Epsom*, nombreuses attaques et contre-attaques autour de la cote 112, de nombreux chars britanniques sont détruits par les chars allemands.

4-5 juillet - Opération *Windsor*, le village de Carpiquet est pris mais l'aéroport reste contrôlé par les Allemands.

7-9 juillet - Opération *Charnwood*, le nord de Caen est rasé par un bombardement aérien. Canadiens et Britanniques se lancent à l'assaut de Caen. Le 9, les Allemands se replient sur la rive droite de Caen et dynamitent les ponts. La rive gauche est aux mains des Alliés.

18-20 juillet - Opération *Goodwood*, malgré de nombreuses pertes, les Britanniques remportent une victoire sur les blindés allemands et s'emparent de la partie est de Caen (opération *Atlantic*).

19 juillet - Libération de Caen. La zone des combats se déplace vers Falaise, au sud de Caen.

2:00 - The noise of heavy gunfire resounds throughout the streets of Caen.

13:00 - The town is bombed, then rebombed at 16:30.

7th - 15th June - Operation *Perch*, aimed at encircling Caen. The British troops are at a standstill under powerful gunfire from German armoured units.

25th June – 1st July - Operation *Epsom*, comprising several attacks and counter-attacks around Hill 112; several British tanks are destroyed by German tanks.

4th - 5th July - Operation *Windsor*, the village of Carpiquet is recaptured; however, the airport remains under German control.

7th - 9th July - Operation *Charnwood*, the north of Caen is razed by aerial bombing. Canadian and British troops launch their assault on Caen. The Germans retreat to Caen's right bank on the 9th, dynamiting the bridges. The left bank is in Allied hands.

18th - 20th July - Operation *Goodwood* - despite many losses, the British are victorious over the German armoured units and take control of the east of Caen (operation *Atlantic*).

19th July - Liberation of Caen. The combat zone gradually moves towards Falaise, to the south of Caen.

Château de Caen
Caen, Calvados (49°11'05.6"N 0°21'42.2"W)

Caen Castle
Caen, Calvados (49°11'05.6"N 0°21'42.2"W)

La cote 112 (opération *Epsom*)
Feuguerolles-Bully, Calvados (49°07'27.3"N 0°24'31.1"W)

Le 26 juin, 60 000 hommes et 600 chars britanniques tentent de contourner Caen par l'ouest. Les Alliés traversent l'Odon le 27 et font une percée jusqu'à la cote 112, le point culminant au sud de la plaine de Caen. Mais le terrain est favorable aux puissants chars Tigre allemands et, malgré un appui aérien, les Britanniques sont obligés d'abandonner cette colline stratégique le 1er juillet.

Hill 112 *(operation* Epsom*)*
Feuguerolles-Bully, Calvados (49°07'27.3"N 0°24'31.1"W)

On the 26th of June, 60,000 British troops and 600 tanks tried to encircle Caen from the west. The Allies crossed the River Odon on the 27th and broke through as far as Hill 112, the highest point on the Caen plain. However, the terrain was favourable for the German Tiger tanks and, despite aerial cover, the British troops had no choice but to abandon this strategic hill on the 1st of July.

Jardin des plantes
Caen, Calvados (+49° 11' 20.88", -0° 22' 15.47")

Charnwood commence le 7 juillet par un vaste bombardement aérien. En quelques minutes, des milliers de tonnes de bombes sont larguées sur le nord de Caen. Au milieu du quartier Saint-Julien ravagé, le jardin des plantes de Caen est miraculeusement épargné.

Botanical garden
Caen, Calvados (+49° 11' 20.88", -0° 22' 15.47")

Operation Charnwood *began on the 7th of July with vast aerial bombing. In just a few minutes, thousands of tonnes of bombs were dropped on northern Caen. In the centre of the devastated Saint-Julien quarter, Caen's botanical garden was miraculously spared.*

Cimetière britannique de Fontenay-le-Pesnel
Tilly-sur-Seulles, Calvados (49°09'40.3"N 0°33'39.0"W)

Le cimetière militaire de Fontenay-le-Pesnel est perdu au milieu des champs. À côté de 59 Allemands, 457 Britanniques et 4 Canadiens tués pendant l'opération *Epsom* reposent, respectant ainsi la tradition britannique qui veut que les soldats soient enterrés là où ils sont tombés.

British war cemetery in Fontenay-le-Pesnel
Tilly-sur-Seulles, Calvados (49°09'40.3"N 0°33'39.0"W)

The Fontenay-le-Pesnel war cemetery is lost amidst the fields. Alongside 59 German troops, 457 British and 4 Canadian soldiers killed during operation Epsom are laid to rest here, in accordance with the British tradition of burying soldiers on the spot where they fell.

Zone tertiaire de Nonant - 14400 BAYEUX - France
Tél. : +33(0)2 31 51 81 31 - Fax : +33(0)2 31 51 81 32 - E-mail : info@orepeditions.com - Site : www.orepeditions.com

Éditeur / *Editor* **:** Grégory PIQUE **- Coordination éditoriale /** *Editorial coordination* **:** Corine DESPREZ
Conception graphique / *Graphic design* **:** OREP **- Mise en pages /** *Layout* **:** Laurent SAND **- Traduction /** *Translation* **:** Heather INGLIS
ISBN : 978-2-8151-0213-1 **- Copyright OREP 2014 - Dépôt légal /** *Legal deposit* **:** 3ᵉ trimestre 2014 - *3rd quarter 2014*